하루 10분 맞춤법 따라쓰기

2단계 우리말 달인 되기

키즈키즈 교육연구소 지음

미래주니어

차례

ㄱ~ㄹ로 시작하는 맞춤법

ㅁ~ㅅ으로 시작하는 맞춤법

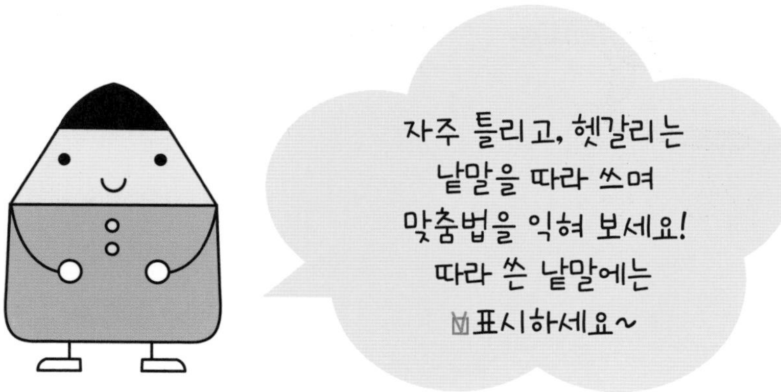

자주 틀리고, 헷갈리는
낱말을 따라 쓰며
맞춤법을 익혀 보세요!
따라 쓴 낱말에는
☑표시하세요~

ㅇ~ㅎ으로 시작하는 맞춤법

머리말

하루 10분 따라쓰기로 예쁜 글씨체와 국어 실력을 키워요!

자주 틀리는 맞춤법 100개를 따라 쓰면 나도 국어왕!

〈하루 10분 맞춤법 따라쓰기-2단계 우리말 달인 되기〉는 아이들이 어려워하는 맞춤법을 따라쓰기와 접목하여 흥미롭게 익힐 수 있도록 구성하였습니다. 초등학생이 꼭 알아야 할 맞춤법 100개를 선별해 예문과 함께 실었습니다.

1단계 '기초 다지기'에 이어 2단계 '우리말 달인 되기'에 도전해 보세요. '담그다/담구다', '무르팍/무릎팍'과 같은 자주 틀리는 낱말과 '다리다/달이다', '메다/매다'처럼 발음이 비슷하여 헷갈리기 쉬운 낱말을 알기 쉽게 설명했습니다.

맞춤법은 생활 속 예문을 통해 낱말의 쓰임을 익히는 것이 가장 효과적인 방법입니다. 다양한 예문을 차근차근 따라 쓰다 보면 누구나 '국어왕'이 될 수 있습니다.

바른 글씨체 연습으로 예쁜 글씨를 만들어 줍니다.

한글을 익히는 연령이 점점 낮아지면서 글자를 익히는 데만 집중하다 보니 바른 글씨체를 갖는 것에 소홀히 하는 경우가 많습니다. 하지만 한 번 익힌 글씨체는 쉽게 고쳐지지 않으며, 어릴 때 글씨체를 바로잡지 않으면 자라서도 글씨체를 고치기가 힘이 듭니다. 또 사람들 앞에서 글씨 쓰는 것을 부끄러워하거나 악필이라는 핸디캡을 갖기도 합니다.

ㄱㄴㄷㄹ

처음부터 바르게 익힌 예쁜 글씨체는 평생 훌륭한 자산이 됩니다. 〈하루 10분 초등 따라쓰기〉 시리즈는 어린이들에게 따라쓰기를 하며 자연스럽게 바르고 예쁜 글씨체를 익히도록 도와줍니다.

'쓰기'는 초등 학습의 기본이 되는 교육 중 하나입니다.

초등학교에 입학하면 읽기, 쓰기, 말하기는 가장 기본적인 학습입니다. 자신의 생각을 바르게 전하기 위해서 바른 글씨체를 익히는 것은 필수입니다. 또한 글씨를 잘 쓰면 어릴 때나 어른이 되어서도 주변 사람들의 관심을 받게 되고, 자신감도 갖게 됩니다. 뿐만 아니라 글씨를 한 자 한 자 바르게 따라 쓰다 보면 산만한 마음을 가라앉게 해 주며, 집중력도 함께 길러져 학습에 필요한 기본기를 탄탄하게 다져 줍니다.

꾸준히 따라쓰기를 할 수 있도록 격려해 주세요.

따라쓰기는 처음부터 욕심을 내어 하루에 여러 장을 쓰지 않도록 합니다. 한 번에 많이 쓰는 것보다 매일 꾸준히 쓰는 연습을 하는 것이 바른 글씨체와 맞춤법을 익히는 데 더욱 효과적입니다.

'칭찬은 고래도 춤추게 한다.'는 말이 있습니다. 부모의 말 한마디에 아이는 자신감을 가지고 꾸준히 학습할 수 있는 용기를 얻습니다. 작은 변화에도 관심을 가져 주고 아낌없이 칭찬해 주어야 합니다.

01 간질이다(O) 간지르다(X)

'간질여 / 간질이고 / 간질이니'가 맞는 표현이에요.
'간질러 / 간지르고 / 간지르니'로 쓰지 않도록 주의하세요.

주의 '간질이다'와 같은 뜻으로 '간지럽히다'도 맞는 표현이에요.

바르게 따라 써 보세요.

친	구	가		엷	구	리	를		살	살
친	구	가		엷	구	리	를		살	살
간	질	였	어	요	.					
간	질	였	어	요	.					

아래 칸에 맞춰 써 보세요.

친구가 간질였다.

친구가 간질였다.

이럴 때 이렇게!

- 깃털로 코끝을 간질이니 재채기가 나왔어요.
- 동생 발바닥을 마구 간질여 주었습니다.

02 거르다(O) 걸르다(X)

'거르다'는 찌꺼기나 건더기가 있는 것을 거를 때 쓰는 말이에요.
또 '식사를 거르다'처럼 차례대로 나아가다가 순서나 자리를 빼고 넘긴다는 뜻도 있어요.
'걸러 / 거르니'로 쓰입니다.

바르게 따라 써 보세요.

밀가루를 체에 넣고

밀가루를 체에 넣고

곱게 거르세요.

곱게 거르세요.

아래 칸에 맞춰 써 보세요.

밀가루를 거르다.

밀가루를 거르다.

이럴 때 이렇게!

- 뜨거운 물에 찻잎을 거르니 향이 좋은 녹차가 만들어졌어요.
- 오늘은 속이 편치 않아서 점심식사를 걸렀다.

03 걷히다/거치다

'걷히다'는 구름이나 안개가 없어지거나, 비가 그치고 맑게 개는 것을 뜻해요.
'거치다'는 오가는 도중에 지나가거나 들르는 것을 말해요.

비슷한 표현 '거치다'는 '발에 돌이 거치다'처럼 무엇에 걸리거나 막힌다는 뜻도 있어요.

바르게 따라 써 보세요.

구름이 걷히자 높은

구름이 걷히자 높은

산이 드러났다.

산이 드러났다.

아래 칸에 맞춰 써 보세요.

학원을 거쳐 집으로 가요.

학원을 거쳐 집으로 가요.

이럴 때 이렇게!

- 안개가 걷히면서 웅장한 계곡이 모습을 드러냈습니다.
- 이 버스는 공원을 거쳐 박물관으로 가요.

04 게시판(O) 계시판(X)

'게시판'은 여러 사람에게 알릴 내용을 내걸어서 보이게 하는 판이에요.
'게시하다 / 게시되다' 등으로 쓰여요.

비슷한 표현 '휴계실'도 잘못된 표현이며 '휴게실'로 써야 해요.

바르게 따라 써 보세요.

행	사		내	용	은		게	시	판	을 ∨
행	사		내	용	은		게	시	판	을
참	조	하	세	요	.					
참	조	하	세	요	.					

아래 칸에 맞춰 써 보세요.

게시판을 참조하다.

게시판을 참조하다.

이럴 때 이렇게!

- 온라인 카페 게시판에 새로운 글이 올라왔네!
- 학교 게시판에 가을 축제 일정이 공지되었어요.

05 겨우내(O) 겨울내(X)

'겨우내'는 한겨울 동안 계속해서라는 뜻이며,
'겨울내'로 쓰지 않도록 주의하세요.

바르게 따라 써 보세요.

봄	이		되	자		겨	우	내		쌓
봄	이		되	자		겨	우	내		쌓
였	던		눈	이		녹	았	습	니	다.
였	던		눈	이		녹	았	습	니	다.

아래 칸에 맞춰 써 보세요.

겨우내 쌓였던 눈이 녹았다.

겨우내 쌓였던 눈이 녹았다.

이럴 때 이렇게!

- 곰은 날씨가 추워지면 동굴에 들어가 겨우내 잠을 자요.
- 겨우내 숨죽이고 있던 작은 씨앗이 머리를 내밀었습니다.

06 계발/개발

'계발'은 슬기나 재능 등 정신적인 면을 일깨워 주는 것을 뜻하며, 상상력 계발, 창의력 계발 등으로 쓰여요. '개발'은 기술이나 땅 등 물질적인 면을 유용하게 만드는 것을 뜻하며, 프로그램 개발, 교육 개발 등으로 쓰여요.

바르게 따라 써 보세요.

소질을 계발해서 멋진 ∨

소질을 계발해서 멋진

꿈을 찾아보세요!

꿈을 찾아보세요!

아래 칸에 맞춰 써 보세요.

휴대전화 신제품이 개발되었다.

휴대전화 신제품이 개발되었다.

이럴 때 이렇게!

- 우리 아빠는 자기 계발을 위해 항상 노력하신다.
- 어린이를 위한 새로운 예절 교육 프로그램이 개발되었어요.

07 고마워요(O) 고마와요(X)

'고마워요'가 맞는 표현이에요.

구어체로 자주 쓰이는 '고마와요'로 적지 않도록 주의하세요.

비슷한 표현 그 밖에도 '가까워 / 가까우니', '괴로워 / 괴로우니', '구워 / 구우니'로 써야 해요.

바르게 따라 써 보세요.

어려울 때 도움을 줘

어려울 때 도움을 줘

서 고마워요.

서 고마워요.

아래 칸에 맞춰 써 보세요.

도움을 줘서 고마워요.

도움을 줘서 고마워요.

이럴 때 이렇게!

- 친절히 대답해 주어서 정말 고마워요.
- 며칠 동안 집에 머물게 해 주셔서 고마워요.

08 그 애(O) 그 얘(X)

'애'는 '아이'의 준말임을 기억하면 헷갈리지 않아요.
'그 아이'를 줄여서 '그 애', '걔'라고 해요.

비슷한 표현 '얘'는 '이 아이'를 줄여서 쓴 말이에요.

바르게 따라 써 보세요.

이 편지를 그 애한테 ∨
이 편지를 그 애한테

꼭 전해 줘.
꼭 전해 줘.

아래 칸에 맞춰 써 보세요.

그 애한테 전하다.
그 애한테 전하다.

이럴 때 이렇게!

- 너를 괴롭힌 아이가 놀이터에서 본 그 애 맞니?
- 그 애도 네가 좋은 모양이다.

09 까다롭다(O) 까탈스럽다(O)

흔히 일이나 규정 등이 엄격할 때나 성격이나 취향 등이 별스러울 때 '까다롭다', '까탈스럽다'라고 하며 둘다 맞는 표현이에요.

비슷한 표현 '까탈'은 트집을 잡는다는 뜻의 '가탈'의 센말로, '까탈을 부리다 / 까탈을 잡다'로 쓰여요.

바르게 따라 써 보세요.

그 아이는 성격이 까다로워 친구가 없다.

그 아이는 성격이 까다로워 친구가 없다.

아래 칸에 맞춰 써 보세요.

성격이 까탈스럽다.

성격이 까탈스럽다.

이럴 때 이렇게!

- 엄마는 물건을 고를 때 아주 까다롭게 고르는 편이다.
- 마음이 상한 친구는 아무것도 아닌 일에 괜히 까탈을 부렸어요.

10 꼬드기다(O) 꼬득이다(X)

어떠한 일을 하도록 남의 마음을 꾀어 부추긴다는 뜻으로
'꼬드기다'가 맞는 표현이에요.

바르게 따라 써 보세요.

친	구	를		꼬	드	겨		군	것	질
친	구	를		꼬	드	겨		군	것	질
을		했	다	.						
을		했	다	.						

아래 칸에 맞춰 써 보세요.

친구를 꼬드기다.

친구를 꼬드기다.

이럴 때 이렇게!

- 친구가 학원을 빠지고 게임방에 가자고 꼬드겼어요.
- 싫다는 친구를 꼬드겨서 모임에 함께 나갔습니다.

11 끼어들다(O) 끼여들다(X)

'끼어들다'는 자기 순서나 자리가 아닌 틈을 비집고 들어선다는 뜻을 가진 하나의 단어예요. '끼여들다'로 잘못 쓰는 경우가 많으니 주의하세요.

비슷한 표현 '끼다'는 '끼이다'의 준말로, '아이들 틈에 끼어(끼여) 앉다' 둘 다 맞습니다.

바르게 따라 써 보세요.

어	른	들	이		말	씀	할		때	는 ∨
어	른	들	이		말	씀	할		때	는
끼	어	들	면		안		됩	니	다	.
끼	어	들	면		안		됩	니	다	.

아래 칸에 맞춰 써 보세요.

어른들 말씀에 끼어들다.

어른들 말씀에 끼어들다.

이럴 때 이렇게!

- 민수와 나 사이에 갑자기 수연이가 끼어들었다.
- 우리 차 앞으로 갑자기 커다란 트럭이 끼어들었어요.

12 낟알/낱알

'낟알'은 곡식의 알을 말해요. '낱알'은 하나하나 따로따로인 알을 뜻하며 곡식이 아닌, 낱개로 떨어진 알을 나타낼 때 쓰여요.

바르게 따라 써 보세요.

철	새	가		곡	식	의		낟	알	을 ∨
철	새	가		곡	식	의		낟	알	을
주	워		먹	습	니	다	.			
주	워		먹	습	니	다	.			

아래 칸에 맞춰 써 보세요.

구슬 낱알을 꿰어야 해요.

구슬 낱알을 꿰어야 해요.

이럴 때 이렇게!

· 보리와 밀의 낟알을 바구니에 주워 담았다.

· 진주 목걸이가 끊어지면서 낱알로 흩어졌다.

13 날개 돋친 듯(O) 날개 돋힌 듯(X)

물건이 빠른 속도로 팔리거나 소문이 빨리 퍼지는 것에
'날개 돋친 듯 ~하다'라는 표현을 씁니다.

바르게 따라 써 보세요.

무더위에 에어컨이 날

무더위에 에어컨이 날

개 돋친 듯 팔렸다.

개 돋친 듯 팔렸다.

아래 칸에 맞춰 써 보세요.

날개 돋친 듯 팔렸다.

날개 돋친 듯 팔렸다.

이럴 때 이렇게!

- 신발 가격이 저렴하니 날개 돋친 듯 팔리는구나.
- 전학 온 친구가 싸움을 잘한다는 소문이 날개 돋친 듯 퍼져나갔다.

14 남녀(O) 남여(X)

남자와 여자를 아울러 '남녀'라고 해요. 여자의 '여'는 '녀(女)'가 본래 음이며, 단어의 첫머리에 오면서 발음하기 편하게 '여'로 바뀐 것이에요. 그래서 단어의 첫머리가 아니면 모두 '녀'로 적어야 해요.

바르게 따라 써 보세요.

우리 학교는 남녀공학

우리 학교는 남녀공학

이에요.

이에요.

아래 칸에 맞춰 써 보세요.

남녀공학이다.

남녀공학이다.

이럴 때 이렇게!

- 신체적으로 남녀는 차이가 있다.
- 남녀가 함께 사랑을 하고, 결혼을 합니다.

15 납작하다(O) 납짝하다(X)

높이가 아주 낮거나 두께가 얇은 것을 '납작하다'라고 표현해요.
발음상 '납짝하다'로 쓰지 않도록 주의하세요.

바르게 따라 써 보세요.

내		동	생	은		얼	굴	이		둥
내		동	생	은		얼	굴	이		둥
글	고		코	가		납	작	해	요	.
글	고		코	가		납	작	해	요	.

아래 칸에 맞춰 써 보세요.

코가 납작하다.

코가 납작하다.

이럴 때 이렇게!

- 부침개는 납작하게 구울수록 더욱 맛이 있어요.
- 진흙 떡을 손으로 꼭꼭 눌러서 납작하게 만들었다.

16 낭떠러지(O) 낭떨어지(X)

깎아지른 듯한 언덕을 '낭떠러지'라고 해요.
'떨어지다'는 단어 때문에 '낭떨어지'로 쓰는 경우가 많은데,
틀린 표현이에요.

바르게 따라 써 보세요.

어젯밤에 낭떠러지로

어젯밤에 낭떠러지로

떨어지는 꿈을 꾸었다.

떨어지는 꿈을 꾸었다.

아래 칸에 맞춰 써 보세요.

낭떠러지로 떨어지다.

낭떠러지로 떨어지다.

이럴 때 이렇게!

- 낭떠러지 사이로 낡은 통나무 다리가 놓여 있어요.
- 자칫하면 천 길 낭떠러지 아래로 떨어지고 말 거야.

17 내로라하는(O) 내노라하는(X)

어떤 분야를 대표할 만하다는 뜻으로 '내로라하는'이 맞습니다.
발음대로 '내노라하는'은 틀린 표현이에요.

바르게 따라 써 보세요.

내	로	라	하	는		사	람	들	이	
내	로	라	하	는		사	람	들	이	
한	자	리	에		모	였	습	니	다	.
한	자	리	에		모	였	습	니	다	.

아래 칸에 맞춰 써 보세요.

내로라하는 사람들

내로라하는 사람들

이럴 때 이렇게!

- 멧돼지 한 마리를 잡기 위해 내로라하는 사냥꾼들은 다 모였군.
- 우리 형은 내로라하는 명문 대학에 합격했습니다.

18 놀라다(O) 놀래다(O)

갑자기 무서움을 느낀 것은 '놀라다'이며,
반대로 남을 놀라게 하는 것은 '놀래다'예요.

비슷한 표현 '놀래키다'는 '놀래다'의 방언입니다.

바르게 따라 써 보세요.

하	늘	을		울	리	는		천	둥	소
하	늘	을		울	리	는		천	둥	소
리	에		깜	짝		놀	랐	다	.	
리	에		깜	짝		놀	랐	다	.	

아래 칸에 맞춰 써 보세요.

갑자기 나타나 친구를 놀래 주었다.

갑자기 나타나 친구를 놀래 주었다.

이럴 때 이렇게!

- 나물무침이 생각보다 맛있어서 깜짝 놀랐다.
- 반드시 성공해서 세상을 놀래 줄 거야.

19 -는지(O) -런지(X)

'~할는지', '~올는지'처럼 '-는지'가 맞는 표현이에요
[-른지]로 발음하지만 '-른지 / -런지'는 모두 틀린 표현입니다.

바르게 따라 써 보세요.

비가 올는지 하늘에

비가 올는지 하늘에

먹구름이 끼어 있어요.

먹구름이 끼어 있어요.

아래 칸에 맞춰 써 보세요.

비가 올는지 먹구름이 끼었다.

비가 올는지 먹구름이 끼었다.

이럴 때 이렇게!

- 아버지가 언제 집에 오실는지 잘 모르겠어요.
- 그는 성공을 할는지 몰라도 소중한 사람을 잃게 될 것이다.

20 다리다/달이다

'다리다'는 다리미로 옷의 주름을 펼 때 쓰는 말이며,
'달이다'는 한약을 달이듯이 액체를 끓여서 진하게 만드는 것을 말해요.
서로 발음이 비슷해서 헷갈릴 때가 많으니 주의하세요.

바르게 따라 써 보세요.

엄마는 내 교복을 반듯하게 다려 주셨다.

엄마는 내 교복을 반듯하게 다려 주셨다.

아래 칸에 맞춰 써 보세요.

찻잎을 따서 차를 달였다.

찻잎을 따서 차를 달였다.

이럴 때 이렇게!

- 구겨진 옷들은 다리미로 다려 주세요.
- 정성을 다해 한약을 달여 먹이자 아이의 병이 나았습니다.

21 닭달하다(O) 닥달하다(X)

남을 단단히 윽박질러서 혼낼 때 쓰는 말은
'닥달하다'가 아니라 '닦달하다'가 맞습니다.

바르게 따라 써 보세요.

엄마는 매일 공부하라

엄마는 매일 공부하라

고 닦달하십니다.

고 닦달하십니다.

아래 칸에 맞춰 써 보세요.

엄마가 닦달하다.

엄마가 닦달하다.

이럴 때 이렇게!

- 윽박지르며 닦달하는 것이 해결책은 아닙니다.
- 결과물이 나오지 않는다고 자신을 닦달하지 마세요.

22 달리다/딸리다

흔히 '실력이 딸리다'라고 표현하는데 틀린 표현이에요.
능력이나 힘이 모자라다는 뜻으로 '달리다'가 맞습니다.
'딸리다'는 어떤 것에 붙어 있거나 속할 때 쓰는 말이에요.

바르게 따라 써 보세요.

친구들에 비해 실력이 ∨
친구들에 비해 실력이

달린다.
달린다.

아래 칸에 맞춰 써 보세요.

앞마당이 딸린 집으로 이사했다.
앞마당이 딸린 집으로 이사했다.

이럴 때 이렇게!

- 운동 실력이 달려서 그런지 얼마 안 되어 지쳐 버렸다.
- 모든 방에는 화장실이 딸려 있어요.

23 담그다(O) 담구다(X)

김치, 술, 장 등을 만드는 것을 '담그다'라고 하며,
'담가 / 담그니 / 담갔다'로 쓰여요.

비슷한 표현 '잠그다'의 경우도 '잠궈'가 아닌, '잠가 / 잠그니 / 잠갔다'로 써야 해요.

바르게 따라 써 보세요.

가	족	들	이		모	두		모	여	
가	족	들	이		모	두		모	여	
김	치	를		담	갔	어	요	.		
김	치	를		담	갔	어	요	.		

아래 칸에 맞춰 써 보세요.

김치를 담갔다.

김치를 담갔다.

이럴 때 이렇게!

- 할머니가 직접 담그신 술은 언제나 인기가 좋습니다.
- 직접 담근 된장으로 끓인 된장찌개는 정말 맛이 좋았다.

24 당기다/땅기다

'당기다'는 물건 등에 힘을 주어 가까이 오게 한다는 뜻이며,
'땅기다'는 몹시 단단하고 팽팽하게 된다는 뜻이에요.
둘을 혼동하여 잘못 쓰는 경우가 있으니 예문을 통해 익혀 보세요.

바르게 따라 써 보세요.

줄	을		서	로		밀	고		당	기
줄	을		서	로		밀	고		당	기
며		줄	다	리	기	를		했	다	.
며		줄	다	리	기	를		했	다	.

아래 칸에 맞춰 써 보세요.

실내가 건조해서 얼굴이 땅겼다.

실내가 건조해서 얼굴이 땅겼다.

이럴 때 이렇게!

- 모두 힘을 모아 밧줄을 있는 힘껏 당기자!
- 바지가 너무 작아서 엉덩이 부분이 많이 땅겨요.

25 덥석(O) 덥썩(X)

왈칵 달려들어 물거나 움켜잡는 모양을 나타낼 때
'덥석'이 맞는 표현이에요.

비슷한 표현 갑자기 힘없이 주저앉거나 쓰러지는 모양을 나타낼 때는 '털썩', '풀썩'으로 씁니다.

바르게 따라 써 보세요.

물고기가 미끼를 덥석 ∨
물었어요.

아래 칸에 맞춰 써 보세요.

미끼를 덥석 물었다.

이럴 때 이렇게!

- 황새가 물고기를 덥석 물었다.
- 장사꾼의 말에 그 물건을 덥석 사버리고 말았다.

26 되뇌다(O) 되뇌이다(X)

'되뇌다'는 같은 말을 되풀이하여 말하는 것으로
'되뇌어 / 되뇌는 / 되뇌었다'로 씁니다.
'되뇌이다'로 자주 쓰는데 잘못된 표현이에요.

바르게 따라 써 보세요.

선	생	님		말	씀	을		여	러	
선	생	님		말	씀	을		여	러	
번		되	뇌	었	습	니	다	.		
번		되	뇌	었	습	니	다	.		

아래 칸에 맞춰 써 보세요.

말씀을 되뇌었다.

말씀을 되뇌었다.

이럴 때 이렇게!

- 중요한 문장은 생각날 때마다 되뇌었어요.
- '나는 할 수 있다.' 라고 계속 되뇌다 보니 자신감이 생겼다.

27 드러내다/들어내다

'드러내다'는 가려 있거나 보이지 않던 것을 보이게 하거나 알려지지 않은 사실을 널리 밝혀지게 한다는 뜻이에요. '들어내다'는 물건을 들어서 밖으로 옮기는 것을 뜻해요.

바르게 따라 써 보세요.

친	구	는		내	게		속	마	음	을 ∨
친	구	는		내	게		속	마	음	을
드	러	내		보	였	다	.			
드	러	내		보	였	다	.			

아래 칸에 맞춰 써 보세요.

방에서 가구를 들어냈다.

방에서 가구를 들어냈다.

이럴 때 이렇게!

- 너무 드러내고 좋아하면 다른 사람들의 시샘을 받게 될 거야.
- 낡은 카펫을 들어내니 집이 훨씬 넓어 보인다.

28 들이켜다/들이키다

'들이켜다'는 물과 같은 액체를 단숨에 마시거나, 공기나 숨을 세차게 들이마시는 것을 뜻해요. '들이키다'는 안쪽으로 가까이 옮긴다는 뜻이에요. '들이켜다'를 '들이키다'로 잘못 쓰는 경우가 많으니 주의하세요.

바르게 따라 써 보세요.

숨을 크게 들이켜고

숨을 크게 들이켜고

다시 시작해 봐.

다시 시작해 봐.

아래 칸에 맞춰 써 보세요.

물건을 안으로 들이키고 오너라.

물건을 안으로 들이키고 오너라.

이럴 때 이렇게!

- 숲에서 깨끗한 공기를 들이켰더니 가슴이 시원해지는 것 같아요.
- 사람들이 넘어질 수 있으니 발을 안쪽으로 들이켜라.

29 떨어트리다(O) 떨어뜨리다(O)

'떨어트리다'와 '떨어뜨리다'는 같은 뜻을 가지고 있으며
둘 다 맞는 표현이에요. 위에 있던 것을 아래로 내려가게 하거나
뒤에 처지게 하거나 남게 한다는 뜻이 있어요.

바르게 따라 써 보세요.

연필을 바닥에 떨어트렸습니다.

연필을 바닥에 떨어트렸습니다.

아래 칸에 맞춰 써 보세요.

연필을 떨어뜨렸다.

연필을 떨어뜨렸다.

이럴 때 이렇게!

- 시끄러운 음악은 집중력을 떨어트려 공부에 방해가 된다.
- 날아가는 새를 떨어뜨릴 정도로 활 솜씨가 좋았다.

30 떼쓰다(O) 때쓰다(X)

고집을 부리거나 억지로 요구하는 것은 '때'가 아닌 '떼'가 맞아요.
'떼쓰다 / 떼를 부리다'로 쓰입니다.

바르게 따라 써 보세요.

동생이 장난감을 사달

동생이 장난감을 사달

라고 떼쓰며 울었어요.

라고 떼쓰며 울었어요.

아래 칸에 맞춰 써 보세요.

동생이 떼쓰다.

동생이 떼쓰다.

이럴 때 이렇게!

· 그렇게 무턱대고 떼쓴다고 해결되지는 않아.

· 엄마에게 떼를 부리며 울고 있는 아이가 보였습니다.

31 띄어쓰기(O) 띄어쓰기(X)

글을 쓸 때, 각 낱말을 띄어 쓰는 것을 '띄어쓰기'라고 해요.
'띄어쓰기'로 잘못 쓰지 않도록 주의하세요.

바르게 따라 써 보세요.

원	고	지	에	서		띄	어	쓰	기	가 ∨
원	고	지	에	서		띄	어	쓰	기	가
가	장		어	려	워	요	.			
가	장		어	려	워	요	.			

아래 칸에 맞춰 써 보세요.

띄어쓰기가 어렵다.

띄어쓰기가 어렵다.

이럴 때 이렇게!

- 띄어쓰기에는 분명한 원칙이 있다.
- 우리말 맞춤법과 띄어쓰기를 익히면 글쓰기가 훨씬 쉬워요.

32 -율/-률

앞말의 'ㄴ' 받침이나 모음 뒤에서는 '율'로 적고,
'백분율, 비율, 실패율' 등으로 쓰여요. 그 외 받침이 있는 말 다음에는 '률'로 적고,
'합격률, 성공률, 출석률'로 쓰입니다.

바르게 따라 써 보세요.

실	패	율	을		낮	추	기		위	해 ∨
실	패	율	을		낮	추	기		위	해
최	대	한		노	력	했	다	.		
최	대	한		노	력	했	다	.		

아래 칸에 맞춰 써 보세요.

이번 시험은 경쟁률이 높다.

이번 시험은 경쟁률이 높다.

이럴 때 이렇게!

- 공기 중에 있는 이산화탄소 비율을 계산해 보자.
- 하늘이 흐린 걸 보니 오늘은 비가 올 확률이 높다.

재미있는 맞춤법 퀴즈

1 아래 글을 읽고, 알맞은 낱말에 ○표 하세요.

1) 아침식사를 (거르면 / 걸르면) 건강에 좋지 않습니다.

2) 청소를 도와줘서 정말 (고마워요 / 고마와요).

3) 이 꽃을 (그 애 / 그 얘)한테 꼭 전해 줘.

4) 민수는 갑자기 (끼여들어 / 끼어들어) 새치기를 했어요.

5) 우리 반은 (남녀 / 남여) 합반이에요.

6) 할머니께 드릴 한약을 정성껏 (다렸습니다 / 달였습니다).

7) 테라스가 (달린 / 딸린) 집으로 이사를 갔습니다.

8) 목표를 틈틈이 (되뇌이면서 / 되뇌면서) 열심히 일했어요.

9) 왕의 무덤이 드디어 세상에 모습을 (드러냈다 /들어냈다).

10) 내 동생은 (떼쓰기 / 때쓰기) 대장이에요.

정답

1. 1) 거르면 2) 고마워요 3) 그 애 4) 끼어들어 5) 남녀 6) 달였습니다 7) 딸린 8) 되뇌면서 9) 드러냈다 10) 떼쓰기

2 아래 낱말로 짧은 글짓기를 해 보세요.

1) 계발 :

2) 꼬드기다 :

3) 날개 돋친 듯 :

4) 낱알 :

5) 덥석 :

3 다음 글에서 잘못 쓴 낱말을 찾아 고쳐 보세요.

오후가 되자 먹구름이 서서히 거치며 웅장한 산이 모습을 드러냈다. 겨울내 꽁꽁 얼었던 땅이 이제 막 녹기 시작해서 땅이 질퍽거렸다. 등산로 앞 계시판에는 산행할 때 주의할 점이 적혀 있었다. 곰이나 멧돼지가 나타날 수도 있다는 사실에 무척이나 놀랬다.

정답

2. 1) 장점을 계발하는 것이 중요하다. / 자기 계발에 힘쓰다. 등등
   2) 달콤한 말로 꼬드겨도 넘어가지 않았다. / 떡볶이를 먹자고 꼬드겼다. 등등
   3) 내가 만든 아이디어 상품이 날개 돋친 듯 팔렸다. / 날개 돋친 듯 소문이 퍼져나갔다. 등등
   4) 구슬 낱알을 세어 보자. / 작은 낱알들이 흩어졌다. 등등
   5) 덥석 껴안으며 인사했다. / 생각 없이 덥석 행동하면 후회한다. 등등
3. 거치며 → 걷히며 / 겨울내 → 겨우내 / 계시판 → 게시판 / 놀랬다. → 놀랐다.

33 막아(O) 막어(X)

앞의 모음이 'ㅏ, ㅗ'로 끝나면 '-아'를 쓰고, 그 외의 모음일 때는 '-어'를 씁니다.
따라서 '막다 / 막아', '잡다 / 잡아'가 맞습니다.

주의 '막어', '잡어'로 쓰지 않도록 주의하세요.

바르게 따라 써 보세요.

상대 팀의 공을 온몸

상대 팀의 공을 온몸

으로 막았습니다.

으로 막았습니다.

아래 칸에 맞춰 써 보세요.

공을 막았다.

공을 막았다.

이럴 때 이렇게!

- 방파제는 높은 파도를 막아 줍니다.
- 나를 잡을 테면 잡아 봐!

34 머지않다/멀지 않다

'머지않다'는 시간적으로 멀지 않다는 뜻이며,
'멀지 않다'는 거리가 멀지 않다는 뜻으로 구분해서 써야 해요.

주의 '머지않다'는 하나의 단어이므로 꼭 붙여 써야 해요.

바르게 따라 써 보세요.

머지않아 겨울이 올 거예요.

머지않아 겨울이 올 거예요.

아래 칸에 맞춰 써 보세요.

집에서 학교까지는 멀지 않다.

집에서 학교까지는 멀지 않다.

이럴 때 이렇게!

- 우주여행을 갈 날도 머지않았다.
- 공원에서 박물관까지는 생각보다 멀지 않아요.

35 먹거리(O) 먹을거리(O)

사람들이 자주 쓰는 '먹거리', '먹을거리' 모두 표준어입니다.
어느 쪽을 써도 다 맞습니다.

바르게 따라 써 보세요.

아이들의 먹거리는 안

아이들의 먹거리는 안

전이 최우선입니다.

전이 최우선입니다.

아래 칸에 맞춰 써 보세요.

잔치에는 먹을거리가 많아요.

잔치에는 먹을거리가 많아요.

이럴 때 이렇게!

- 우리 마을의 대표 먹거리를 찾아보자!
- 시장에는 온갖 먹을거리가 가득합니다.

36 먼지떨이(O) 먼지털이(X)

먼지를 떠는 기구를 '먼지떨이'라고 해요.
'떨다'는 달려 있거나 붙어 있는 것을 쳐서 떼어 낸다는 뜻이고,
'털다'는 흔들거나 치거나 해서 떼어 낸다는 뜻이에요.

바르게 따라 써 보세요.

먼	지	떨	이	로		창	틀	의		먼
먼	지	떨	이	로		창	틀	의		먼
지	를		떨	어	냈	다	.			
지	를		떨	어	냈	다	.			

아래 칸에 맞춰 써 보세요.

먼지떨이로 떨어냈다.

먼지떨이로 떨어냈다.

이럴 때 이렇게!

- 털이 뒤엉킨 강아지는 마치 먼지떨이처럼 보였어요.
- 먼지떨이가 너무 낡았습니다.

37 멋쩍다(O) 머쩍다(X)

어색하고 쑥스럽다는 뜻으로 '멋쩍다'가 맞는 표현이에요.
'멋쩍어 / 멋쩍으니'로 쓰여요.

주의 '멋적다', '머쩍다'로 쓰지 않도록 주의하세요.

바르게 따라 써 보세요.

친	구	들		앞	에		서	니		멋
친	구	들		앞	에		서	니		멋
쩍	어		머	리	를		긁	적	였	다.
쩍	어		머	리	를		긁	적	였	다.

아래 칸에 맞춰 써 보세요.

친구들 앞에 서니 멋쩍었다.

친구들 앞에 서니 멋쩍었다.

이럴 때 이렇게!

- 새로 온 전학생이 인사를 건네며 멋쩍은 미소를 지었다.
- 멋쩍은 표정으로 악수를 청했어요.

38 메다/매다

'메다'는 어깨에 걸치거나 올려놓는 것을 말하며,
'매다'는 끈이나 줄을 잡아당겨서 풀어지지 않게 마디를 만드는 것을 뜻해요.

비슷한 표현 '메다'는 '울어서 목이 메다'처럼 감정이 북받쳐 소리가 잘 나지 않을 때에도 쓰여요.

바르게 따라 써 보세요.

새로 산 가방을 메고∨

새로 산 가방을 메고

학교에 갑니다.

학교에 갑니다.

아래 칸에 맞춰 써 보세요.

신발 끈을 단단히 매거라!

신발 끈을 단단히 매거라!

이럴 때 이렇게!

- 아버지는 낚싯대를 메고 저수지로 가셨습니다.
- 강아지에게 새로 산 목줄을 매어 주었어요.

39 모자라다(O) 모자르다(X)

양이나 지능 등이 기준에 미치지 못할 때 '모자라다'라고 표현해요.
'모자라 / 모자라니'로 쓰입니다.

주의 '모자르다 / 모자르니'는 잘못된 표현이에요.

바르게 따라 써 보세요.

돈이 모자라서 장난감

돈이 모자라서 장난감

을 사지 못했다.

을 사지 못했다.

아래 칸에 맞춰 써 보세요.

돈이 모자라다.

돈이 모자라다.

이럴 때 이렇게!

- 내 피아노 실력은 다른 참가자들보다 한참 모자랐다.
- 모두 나누어 먹기에는 초콜릿이 많이 모자라겠는걸!

40 몹쓸/못 쓸

'몹쓸'은 악독하고 고약하다는 뜻으로, '몹쓸 병', '몹쓸 사람' 등으로 쓰여요.
'못 쓸'은 물건 따위를 사용하지 못한다는 뜻으로 띄어 써야 해요.

바르게 따라 써 보세요.

그런 나쁜 행동을 하

그런 나쁜 행동을 하

다니, 몹쓸 사람이군.

다니, 몹쓸 사람이군.

아래 칸에 맞춰 써 보세요.

고장 나서 못 쓸 물건

고장 나서 못 쓸 물건

이럴 때 이렇게!

- 몹쓸 행동을 하고서도 뉘우침이 없다니!
- 못 쓸 라디오를 고쳐서 새것처럼 만들었어요.

41 무르팍(O) 무릎팍(X)

'무릎팍 도사'라는 텔레비전 프로그램 제목 때문에 잘못 알기 쉬우나
무릎을 속되게 이르는 말로 '무르팍'이 표준어입니다.

바르게 따라 써 보세요.

돌	부	리	에		걸	려		넘	어	져
돌	부	리	에		걸	려		넘	어	져
서		무	르	팍	이		깨	졌	어	요.
서		무	르	팍	이		깨	졌	어	요.

아래 칸에 맞춰 써 보세요.

무르팍이 깨졌다.

무르팍이 깨졌다.

이럴 때 이렇게!

- 무르팍 위에 손을 포개어 가만히 올려놓았어요.
- 그는 무르팍을 탁 치며 맞장구를 쳤습니다.

42 묻히다/무치다

'묻히다'는 '땅에 묻히다'처럼 다른 것에 가려 보이지 않게 되거나,
'흙을 묻히다'처럼 무엇에 묻게 하는 거예요.
'무치다'는 나물 따위에 갖은 양념을 넣고 골고루 한데 뒤섞는 것을 말해요.

바르게 따라 써 보세요.

그림을 그리다가 옷에 ∨

그림을 그리다가 옷에

물감을 묻혔어요.

물감을 묻혔어요.

아래 칸에 맞춰 써 보세요.

콩나물을 맛있게 무쳤어요.

콩나물을 맛있게 무쳤어요.

이럴 때 이렇게!

- 폭설로 마을 길이 눈에 묻혔다.
- 시금치와 냉이도 나물로 무쳐 내왔어요.

43 미끄러지다(O) 미끌어지다(X)

미끄러운 곳에서 한쪽으로 밀려 나가거나 넘어지는 것을 '미끄러지다'라고 해요.
'미끌미끌'이라는 표현 때문에 헷갈리기 쉬우니 주의하세요.

비슷한 표현 여럿이 조화를 이룬다는 뜻으로 '어울어지다'라고 자주 쓰는데 '어우러지다'가 표준어예요.

바르게 따라 써 보세요.

미	끄	럼	틀	에	서		미	끄	러	져 ∨
미	끄	럼	틀	에	서		미	끄	러	져
내	려	왔	습	니	다	.				
내	려	왔	습	니	다	.				

아래 칸에 맞춰 써 보세요.

미끄러져 내려왔다.

미끄러져 내려왔다.

이럴 때 이렇게!

- 스케이트를 신고 빙판을 미끄러지는 모습이 무척 아름다웠어요.
- 다양한 악기의 소리가 어우러지며 아름다운 선율을 만들었습니다.

44 범칙금(O) 벌칙금(X)

교통 법규를 어긴 사람에게 내게 하는 벌금을 '범칙금'이라고 해요.
흔히 '벌칙금'이라고 잘못 쓰기 쉬우니 주의하세요.

바르게 따라 써 보세요.

신	호	를		위	반	해	서		범	칙
신	호	를		위	반	해	서		범	칙
금	을		냈	습	니	다	.			
금	을		냈	습	니	다	.			

아래 칸에 맞춰 써 보세요.

범칙금을 냈다.

범칙금을 냈다.

이럴 때 이렇게!

- 범칙금을 제때 납부하지 않으면 연체료를 물어요.
- 범칙금이 이렇게나 많이 나왔단 말이야?

45 벗어지다/벗겨지다

'벗어지다'는 덮이거나 씌워진 물건이 저절로 떨어져 나가는 것을 말하며 인위성이 없어요. 이에 반해 '벗겨지다'는 덮이거나 씌워진 물건이 외부의 힘에 의해 떼어진다는 말이에요.

바르게 따라 써 보세요.

아저씨는 머리가 벗어

아저씨는 머리가 벗어

졌어요.

졌어요.

아래 칸에 맞춰 써 보세요.

바람에 모자가 벗겨졌다.

바람에 모자가 벗겨졌다.

이럴 때 이렇게!

- 신발이 커서 자꾸 벗어졌다.
- 갑자기 나타난 돌부리에 걸려 신발이 벗겨졌다.

46 벚꽃(O) 벛꽃(X)

봄에 벚나무에서 피우는 꽃은 '벚꽃'이 맞습니다.
'벛꽃'으로 잘못 쓰기도 하니 주의하세요.

바르게 따라 써 보세요.

공	원	에		벚	꽃	이		활	짝	
공	원	에		벚	꽃	이		활	짝	
피	었	습	니	다	.					
피	었	습	니	다	.					

아래 칸에 맞춰 써 보세요.

벚꽃이 피었다.

벚꽃이 피었다.

이럴 때 이렇게!

- 매년 4월에는 벚꽃 축제가 열립니다.
- 벚꽃은 마치 눈처럼 흩날리며 떨어집니다.

47 베짱이(O) 배짱이(X)

여칫과의 곤충으로 울음소리가 베 짜는 소리와 비슷해서 '베짱이'예요.
'배짱'이라는 단어 때문에 잘못 쓰는 경우가 많아요.

비슷한 표현 '배짱'은 굽히지 않는 성품이나 태도를 말하며, '배짱 있다', '배짱이 두둑하다' 등으로 쓰여요.

바르게 따라 써 보세요.

이	솝	우	화		〈	개	미	와		베
이	솝	우	화		〈	개	미	와		베
짱	이	〉	를		읽	어		보	세	요.
짱	이	〉	를		읽	어		보	세	요.

아래 칸에 맞춰 써 보세요.

개미와 베짱이

개미와 베짱이

이럴 때 이렇게!

- 베짱이는 온종일 게으름을 피웠답니다.
- 어디선가 베짱이 우는 소리가 들렸어요.

48 보전/보존

'보전 / 보존'은 둘 다 보호하고 지킨다는 뜻을 가지고 있어요.
'보전'은 잘못된 것을 고치고 다듬어 간직한다는 뜻으로 '환경'이나 '생태계'에 어울려 쓰고,
'보존'은 내려온 그대로를 간직한다는 뜻으로 주로 '문화재', '영토' 등에 쓰여요.

바르게 따라 써 보세요.

누구나 환경 보전에

누구나 환경 보전에

힘써야 합니다.

힘써야 합니다.

아래 칸에 맞춰 써 보세요.

문화재를 잘 보존해야 해요.

문화재를 잘 보존해야 해요.

이럴 때 이렇게!

- 습지 생태계를 보전하기 위한 다양한 의견들이 나왔어요.
- 사라져 가는 역사 건축물을 보존하기 위해서는 많은 노력이 필요합니다.

49 본떠(O) 본따(X)

이미 있는 대상을 본으로 삼아 그대로 따라 만든다는 뜻으로
'본떠'가 맞는 표현이며, 기본형은 '본뜨다'예요.
'본따 / 본따다'는 틀린 말입니다.

바르게 따라 써 보세요.

유	명		건	축	물	을		본	떠	
유	명		건	축	물	을		본	떠	
모	형	을		만	들	었	습	니	다	.
모	형	을		만	들	었	습	니	다	.

아래 칸에 맞춰 써 보세요.

본떠 만든 모형

본떠 만든 모형

이럴 때 이렇게!

- 오리의 물갈퀴를 본떠 오리발을 만들었다.
- 연꽃 모양을 본떠 만든 장식물은 정말 아름다웠다.

50 봉숭아(O) 봉숭화(X)

꽃잎을 찧어 손톱에 꽃물을 들이는 꽃을 '봉숭아' 혹은 '봉선화'라고도 하지요.
'봉숭화'는 전라도 방언으로 표준어가 아니에요.

바르게 따라 써 보세요.

손톱에 봉숭아 물들이

손톱에 봉숭아 물들이

기를 했어요.

기를 했어요.

아래 칸에 맞춰 써 보세요.

봉숭아 물들이기

봉숭아 물들이기

이럴 때 이렇게!

· 소녀의 손톱에는 봉숭아 물이 곱게 들어있어요.

· 마을 입구에는 봉숭아 꽃밭이 넓게 펼쳐져 있습니다.

51 뵈요(O) 뵈요(X)

‘봬요’는 웃어른에게 나를 보인다는 뜻의 ‘뵈다’에서 온 것이에요.
‘뵈어요’가 줄어서 ‘봬요’가 맞는 표현이에요. ‘뵈어 / 봬 / 뵈니’로 쓰여요.

비슷한 표현 ‘이래 봬도’가 맞고, ‘이래 뵈도’는 틀린 표현이에요.

바르게 따라 써 보세요.

선생님, 그럼 이따가

선생님, 그럼 이따가

봬요.

봬요.

아래 칸에 맞춰 써 보세요.

이따가 봬요.

이따가 봬요.

이럴 때 이렇게!

- 제가 몰라 봬 죄송합니다.
- 명절이 지난 후에 뵈러 가겠습니다.

52 부리/입

'부리'는 새나 일부 짐승의 주둥이를 가리키는 말이며,
'입'은 음식을 먹고 소리를 내는 사람의 입을 가리켜요.

바르게 따라 써 보세요.

독수리 ∨ 부리가 ∨ 매서워 ∨

보여요.

독수리 부리가 매서워 보여요.

아래 칸에 맞춰 써 보세요.

입을 크게 벌려 먹는다.

입을 크게 벌려 먹는다.

이럴 때 이렇게!

- 저어새의 부리는 주걱 모양으로 생겼습니다.
- 저 사람은 입만 열면 거짓말을 한다.

53 부리나케(O) 불이나케(X)

'서둘러서 아주 급하게'라는 뜻으로 '부리나케'가 맞습니다.
원래 '불이 나게'였던 것이 변해서 소리 나는 대로 '부리나케'가 표준어가 되었습니다.

바르게 따라 써 보세요.

부리나케 뛰어서 학교

부리나케 뛰어서 학교

에 도착했습니다.

에 도착했습니다.

아래 칸에 맞춰 써 보세요.

부리나케 뛰다.

부리나케 뛰다.

이럴 때 이렇게!

- 발걸음 소리를 들은 토끼는 부리나케 숲속으로 도망쳤어요.
- 창민이는 아빠를 부리나케 쫓아 나갔습니다.

54 부스스하다(O) 부시시하다(X)

머리카락이나 털 따위가 몹시 어지럽게 일어나거나 흐트러져 있는 모양을 말할 때는 '부스스하다'가 맞습니다.

비슷한 표현 싫거나 소름이 돋는 느낌을 말할 때도 '으스스하다'가 맞고, '으시시하다'는 틀린 표현입니다.

바르게 따라 써 보세요.

자	고		일	어	났	더	니		머	리
자	고		일	어	났	더	니		머	리
가		부	스	스	해	졌	다	.		
가		부	스	스	해	졌	다	.		

아래 칸에 맞춰 써 보세요.

머리가 부스스하다.

머리가 부스스하다.

이럴 때 이렇게!

- 털이 부스스한 강아지가 마루 밑에서 기어 나왔습니다.
- 동네 어귀에서부터 이상하게 으스스한 기분이 들었다.

55 붇다/붓다

'붇다'는 물에 젖어서 부피가 커지거나, 분량이나 수효가 많아지는 것을 뜻해요.
'붓다'는 액체나 가루 따위를 담는 것, 살가죽이나 어떤 기관이 부풀어 오르는 것을 말해요.

주의 '라면이 붇다(불어/불으니/붇는)', '눈이 붓다(부어/부으니/붓는)'처럼 쓰여요.

바르게 따라 써 보세요.

강 물 이 붇 기 전 에 빨
강 물 이 붇 기 전 에 빨

리 건 너 야 해 .
리 건 너 야 해 .

아래 칸에 맞춰 써 보세요.

얼굴이 퉁퉁 붓는다.
얼굴이 퉁퉁 붓는다.

이럴 때 이렇게!

- 라면이 붇기 전에 드세요.
- 울어서 퉁퉁 부은 눈으로 학교에 갔다.

56 비로소(O) 비로서(X)

'비로소'는 어느 한 시점을 기준으로 일이 이루어지거나 변화하기 시작함을 나타내는 말이에요. '비로서'로 잘못 쓰는 경우가 많으니 주의하세요.

바르게 따라 써 보세요.

합격 소식을 듣고 비

합격 소식을 듣고 비

로소 마음이 놓였다.

로소 마음이 놓였다.

아래 칸에 맞춰 써 보세요.

비로소 마음이 놓였다.

비로소 마음이 놓였다.

이럴 때 이렇게!

- 비로소 내 마음을 알아주기 시작했다.
- 천천히 걸으니 비로소 길가의 예쁜 꽃들이 눈에 들어왔습니다.

57 삐치다/삐지다

'삐치다'는 성이 나서 마음이 토라지는 것을 말하며,
'삐지다'는 칼 따위로 물건을 얇고 비스듬하게 잘라 낸다는 뜻이에요.

주의 '삐치다'를 '삐지다'로 잘못 쓰는 경우가 많으니 주의하세요.

바르게 따라 써 보세요.

사소한 일로 삐치면

사소한 일로 삐치면

친구들이 싫어해!

친구들이 싫어해!

아래 칸에 맞춰 써 보세요.

무를 삐져 넣어 무국을 끓여요.

무를 삐져 넣어 무국을 끓여요.

이럴 때 이렇게!

- 민정이가 삐쳤는지 전화를 받지 않아요.
- 배춧국에는 배추를 삐져 넣어야 해요.

58 사귀다(O) 사기다(X)

'사귀다'는 서로 얼굴을 익히고 친하게 지낸다는 뜻으로
'사귀어 / 사귀니 / 사귀었다'로 쓰여요.
'사겨 / 사기니 / 사겼다' 등으로 잘못 쓰는 경우가 많아요.

바르게 따라 써 보세요.

전	학	을		와	서		친	구	를	
전	학	을		와	서		친	구	를	

많	이		사	귀	었	다	.			
많	이		사	귀	었	다	.			

아래 칸에 맞춰 써 보세요.

친구를 사귀었다.

친구를 사귀었다.

이럴 때 이렇게!

- 좋은 친구를 많이 사귀어라.
- 새로 사귄 친구에게 예쁜 인형을 선물했습니다.

59 세다/새다

'세다'는 힘이 세거나, 물과 불, 바람 따위의 기운이 크거나 빠르다는 뜻이에요.
'새다'는 날이 밝아 오거나, 기체나 액체, 빛 따위가 구멍으로 빠져나가는 것을 뜻해요.

바르게 따라 써 보세요.

세상에서 제일 힘이

세상에서 제일 힘이

센 사람은 누구일까?

센 사람은 누구일까?

아래 칸에 맞춰 써 보세요.

물이 새어 나오는 것을 막았다.

물이 새어 나오는 것을 막았다.

이럴 때 이렇게!

- 태풍이 다가오자 아주 센 바람이 불기 시작했어요.
- 창문 틈 사이로 밝은 빛이 새어 나왔어요.

60 새침데기(O) 새침떼기(X)

새침한 성격을 지닌 사람을 일컫는 말로 '새침데기'가 맞는 표현이에요.
흔히 '새침떼기', '새침때기'로 잘못 알고 있으니 주의하세요.

바르게 따라 써 보세요.

어	제		만	난		친	구	는		새
어	제		만	난		친	구	는		새
침	데	기	처	럼		보	였	어	.	
침	데	기	처	럼		보	였	어	.	

아래 칸에 맞춰 써 보세요.

새침데기처럼 보였다.

새침데기처럼 보였다.

이럴 때 이렇게!

- 새침데기처럼 아무 말도 안 하고 있구나!
- 내 동생은 새침데기예요.

61 생각건대(O) 생각컨대(X)

'생각건대'는 '생각하건대'의 줄어든 말로
'하' 앞에 'ㄱ, ㅂ, ㅅ' 등의 받침이 있으면 '하'를 생략할 수 있어요.

비슷한 표현 '깨끗하지 않다'도 '깨끗지 않다'로 줄일 수 있어요.

바르게 따라 써 보세요.

생	각	건	대		그		사	람	은
생	각	건	대		그		사	람	은
범	인	이		아	니	에	요	.	
범	인	이		아	니	에	요	.	

아래 칸에 맞춰 써 보세요.

생각건대 그 사람은 아니다.

생각건대 그 사람은 아니다.

이럴 때 이렇게!

- 생각건대 인생이란 꿈과 같은 것이다.
- 다락에서 꺼낸 낡은 인형은 깨끗지 않아 보였다.

62 설거지(O) 설겆이(X)

먹고 난 뒤의 그릇을 씻어 정리하는 일을 '설거지'라고 해요.
예전에는 '설겆이'가 표준어였지만, 지금은 '설거지'만 표준어로 인정합니다.

바르게 따라 써 보세요.

오늘은 제가 설거지를 ∨

할게요.

아래 칸에 맞춰 써 보세요.

설거지를 하다.

이럴 때 이렇게!

- 엄마를 도와 설거지를 했어요.
- 설거지를 할 때는 앞치마를 입어요.

63 설레다(O) 설레이다(X)

'설레다'는 마음이 가라앉지 않고 들떠서 두근거린다는 뜻으로
'설레어 / 설레 / 설레니'로 쓰여요.

주의 '설레임'도 틀린 표현으로 '설렘'으로 써야 해요.

바르게 따라 써 보세요.

여행 떠날 생각에 벌

여행 떠날 생각에 벌

써부터 마음이 설렌다.

써부터 마음이 설렌다.

아래 칸에 맞춰 써 보세요.

마음이 설렌다.

마음이 설렌다.

이럴 때 이렇게!

- 설레는 마음으로 발걸음을 재촉해 약속 장소로 갔다.
- 감동과 설렘을 느낄 수 있는 영화예요.

64 십상(O) 쉽상(X)

'십상'은 열에 여덟이나 아홉 정도로 거의 예외가 없다는 뜻의 '십상팔구'에서 비롯됐어요.

주의 '쉽다'라는 말 때문에 '쉽상'으로 쓰기 쉬우니 주의하세요.

바르게 따라 써 보세요.

거짓말은 눈덩이처럼

거짓말은 눈덩이처럼

늘어나기 십상이다.

늘어나기 십상이다.

아래 칸에 맞춰 써 보세요.

거짓말은 늘기 십상이다.

거짓말은 늘기 십상이다.

이럴 때 이렇게!

- 말을 함부로 하면 오해받기 십상이다.
- 평소에 공부하지 않으면 시험을 망치기 십상입니다.

65 쌓이다/싸이다

'쌓이다'는 여러 개의 물건이 겹겹이 포개지거나, 경험과 기술, 지식, 재산 등이 얻어지는 것을 뜻해요. '싸이다'는 물건이 보이지 않게 가려지는 것을 말해요.

바르게 따라 써 보세요.

창틀에 먼지가 뿌옇게 ∨

창틀에 먼지가 뿌옇게

쌓였습니다.

쌓였습니다.

아래 칸에 맞춰 써 보세요.

마을이 안개에 싸였습니다.

마을이 안개에 싸였습니다.

이럴 때 이렇게!

- 매일 조금씩 공부한 지식이 쌓여서 큰 힘이 되었습니다.
- 보자기로 꼭꼭 싸인 물건이 무엇인지 궁금해요.

66 쑥스럽다(O) 쑥쓰럽다(X)

'쑥스럽다'는 하는 짓이나 모양이 자연스럽지 못하여 우습고 싱거운 데가 있다는 뜻이에요.
[쑥쓰럽따]의 발음 때문에 '쑥쓰럽다'로 잘못 쓰기 쉬우니 주의하세요.

비슷한 표현 '안쓰럽다'는 맞고, '안스럽다'는 틀린 표현입니다.

바르게 따라 써 보세요.

친	구	에	게		말	을		걸	기	가
친	구	에	게		말	을		걸	기	가
쑥	스	러	웠	어	요	.				
쑥	스	러	웠	어	요	.				

아래 칸에 맞춰 써 보세요.

말을 걸기가 쑥스럽다.

말을 걸기가 쑥스럽다.

이럴 때 이렇게!

- 아무리 쑥스럽더라도 할 말은 해야지.
- 선생님에게 혼이 난 친구를 보니 안쓰러웠어요.

재미있는 맞춤법 퀴즈

1 아래 글을 읽고, 알맞은 낱말에 ○표 하세요.

1) 이제 개학할 날도 (머지않았다 / 멀지 않았다).

2) 무거운 가방을 어깨에 (메니 / 매니) 걷기가 힘들다.

3) 시금치나물을 맛있게 (묻혀 / 무쳐) 주세요.

4) 세찬 바람에 바구니를 덮었던 수건이 (벗어졌다 / 벗겨졌다).

5) 우리 문화재는 (보전 / 보존) 되어야 합니다.

6) (부리나케 / 불이나케) 달려 나가는 모습이 우스꽝스러웠다.

7) 발이 (부어서 / 불어서) 신발이 들어가지 않는다.

8) 자신이 먹은 그릇은 직접 (설거지 / 설겆이)해요.

9) 손에 들고 다니면 자칫 잃어버리기 (십상 / 쉽상)이다.

10) 마당에는 상자가 가득 (쌓여 / 싸여) 있었습니다.

정답

1. 1) 머지않았다 2) 메니 3) 무쳐 4) 벗겨졌다 5) 보존 6) 부리나케 7) 부어서 8) 설거지 9) 십상 10) 쌓여

2 아래 낱말로 짧은 글짓기를 해 보세요.

1) 먹거리 :

2) 먼지떨이 :

3) 무르팍 :

4) 범칙금 :

5) 봉숭아 :

3 다음 글에서 잘못 쓴 낱말을 찾아 고쳐 보세요.

새 학년 새 학기입니다. 오늘 학교에서 새로운 친구를 사겼습니다. 처음에는 새침떼기인 줄만 알았던 내 짝꿍이 먼저 나에게 인사를 건넸습니다. 내가 머쩍은 표정으로 미소를 짓자 몹시 쑥쓰러워하며 친하게 지내자고 말했습니다. 나에게 좋은 친구가 생긴 것 같아 마음이 설레입니다.

정답

2. 1) 우리 고장에는 다양한 먹거리가 있다. / 여러 가지 먹거리가 식욕을 자극한다. 등등
2) 먼지떨이를 이용해 깨끗이 청소해라. / 먼지떨이를 새로 사야 합니다. 등등
3) 무르팍 부분이 더러워졌다. / 커다란 바위에 무르팍을 부딪쳤다. 등등
4) 불법주차를 하면 범칙금을 내야 합니다. / 범칙금을 내지 않으려면 법을 잘 지켜야 해요. 등등
5) 봉숭아 꽃잎을 따서 소꿉장난을 하자. / 나는 꽃 중에 봉숭아가 제일 좋아요. 등등

3. 사겼습니다. → 사귀었습니다. / 새침떼기 → 새침데기 / 머쩍은 → 멋쩍은 / 쑥쓰러워하며 → 쑥스러워하며 / 설레입니다. → 설렙니다.

67 아무튼(O) 아뭏든(X)

'의견이나 일의 성질, 형편, 상태 따위가 어떻게 되어 있든'이라는 뜻으로 소리 나는 대로 '아무튼'이라고 적습니다.

비슷한 표현 비슷한 말로 '어쨌든', '여하튼', '하여튼', '어떻든'이 있어요.

바르게 따라 써 보세요.

아무튼 난 그 일을

아무튼 난 그 일을

하고 말 거야!

하고 말 거야!

아래 칸에 맞춰 써 보세요.

아무튼 하고 말 거야!

아무튼 하고 말 거야!

이럴 때 이렇게!

- 아무튼 내가 싫어하는 짓만 골라서 한다니까!
- 아무튼 이번 주까지는 일을 끝낼 거예요.

68 아지랑이(O) 아지랭이(X)

'아지랑이'는 주로 봄날 햇볕이 강하게 쬘 때 공기가 공중에서 아른아른 움직이는 현상을 말해요. '아지랭이'로 잘못 쓰는 경우가 많아요.

비슷한 표현 '창피하다'도 [챙피하다]라고 발음하는 경우가 많은데, '창피하다'가 맞습니다.

바르게 따라 써 보세요.

봄 들판에 나가면 아지랑이가 피어올라요.

봄 들판에 나가면 아지랑이가 피어올라요.

아래 칸에 맞춰 써 보세요.

아지랑이가 피어오르다.

아지랑이가 피어오르다.

이럴 때 이렇게!

- 얼마나 더운지 도로에서 아지랑이가 피어오른다.
- 길에서 아지랑이가 짙게 피어올랐다.

69 안절부절못하다(O) 안절부절하다(X)

'안절부절못하다'는 마음이 초조하고 불안하여 어찌할 바를 모른다는 뜻으로 '안절부절하다'는 틀린 표현이에요.

비슷한 표현 줏대 없이 이랬다저랬다 하는 모습을 '주책없다'라고 하며, '주책이다'는 틀린 표현이에요.

바르게 따라 써 보세요.

시 험 결 과 를 기 다 리 며 ∨

시 험 결 과 를 기 다 리 며

안 절 부 절 못 했 다 .

안 절 부 절 못 했 다 .

아래 칸에 맞춰 써 보세요.

안절부절못했다.

안절부절못했다.

이럴 때 이렇게!

- 엄마 눈치만 살피며 안절부절못했다.
- 어찌나 안절부절못하는지 보는 사람이 다 떨릴 정도였어요.

70 안팎(O) 안밖(X)

'안팎'은 사물의 안과 밖, 마음속의 생각과 겉으로 드러나는 행동을 말해요.
'안'과 '밖'이 합쳐져 만들어진 합성어로 '안팎'으로 적습니다.

비슷한 표현 '머리카락', '살코기', '수캐' 등도 두 말이 합쳐지면서 덧나는 소리대로 적습니다.

바르게 따라 써 보세요.

집		안	팎	을		열	심	히		청
집		안	팎	을		열	심	히		청
소	했	습	니	다	.					
소	했	습	니	다	.					

아래 칸에 맞춰 써 보세요.

집 안팎을 청소했다.

집 안팎을 청소했다.

이럴 때 이렇게!

- 성벽의 안팎은 모두 벽돌로 쌓았다.
- 이번 시험에 합격한 사람은 불과 10명 안팎일 거야.

71 어저께(O) 어제(O)

오늘의 바로 하루 전날을 뜻하는 '어저께'는
'어제'를 뜻하는 표준어로 둘 다 맞는 표현이에요.

비슷한 표현 어제의 전날인 '그저께', '그제'도 둘 다 표준어입니다.

바르게 따라 써 보세요.

어	저	께	는		흐	리	더	니		오
어	저	께	는		흐	리	더	니		오
늘	은		비	가		내	리	는	군	.
늘	은		비	가		내	리	는	군	.

아래 칸에 맞춰 써 보세요.

어제는 내 생일이었어.

어제는 내 생일이었어.

이럴 때 이렇게!

- 어저께부터 날씨가 추워졌습니다.
- 어제 너무 힘들게 운동을 했더니 오늘 아침에 늦잠을 잤다.

72 역할(O) 역활(X)

자기가 마땅히 해야 할 맡은 바 직책이나 임무를 뜻하는 말로 '역할'이 맞는 표현이에요.

바르게 따라 써 보세요.

이 번 연 극 에 서 중 요 한 ∨

이 번 연 극 에 서 중 요 한

역 할 을 맡 았 다 .

역 할 을 맡 았 다 .

아래 칸에 맞춰 써 보세요.

중요한 역할을 맡았다.

중요한 역할을 맡았다.

이럴 때 이렇게!

- 자식을 잘 돌보는 것이 부모의 역할이다.
- 내가 맡은 역할을 훌륭히 해냈습니다.

73 오므리다(O) 오무리다(X)

'오므리다'는 물건의 가장자리 끝을 한곳으로 모으는 것이에요.
'오무리다'는 틀린 표현입니다.

비슷한 표현 '움츠리다'도 '움추리다'로 잘못 쓰기 쉬우니 주의하세요.

바르게 따라 써 보세요.

구석에서 다리를 오므

구석에서 다리를 오므

린 채 잠이 들었다.

린 채 잠이 들었다.

아래 칸에 맞춰 써 보세요.

다리를 오므리다.

다리를 오므리다.

이럴 때 이렇게!

- 심통이 나서 입술을 뾰로통하게 오므렸어요.
- 꽃들은 봉오리를 오므린 채 봄을 기다리고 있습니다.

74 요새(O) 요세(X)

'요새'는 지금까지 매우 짧은 동안이라는 뜻으로
'요사이'가 줄어든 말이에요.

비슷한 표현 '금세'는 '금시에'가 줄어든 말입니다.

바르게 따라 써 보세요.

요	새		날	씨	가		추	워	졌	으
요	새		날	씨	가		추	워	졌	으
니		감	기		조	심	해	.		
니		감	기		조	심	해	.		

아래 칸에 맞춰 써 보세요.

요새 날씨가 추워졌다.

요새 날씨가 추워졌다.

이럴 때 이렇게!

- 요새 부쩍 식욕이 좋아졌어!
- 요새 학교에서 미경이를 본 적이 없다.

75 욱여넣다(O) 우겨넣다(X)

주위에서 중심으로 함부로 밀어 넣는다는 뜻으로
'욱여넣다'가 맞고, '우겨넣다'는 틀린 표현이에요.

주의 '욱여넣다'는 안쪽으로 우그러지게 한다는 뜻의 '욱이다'와 '넣다'가 합쳐진 말로 기억하세요.

바르게 따라 써 보세요.

종이를 주머니에 욱여

종이를 주머니에 욱여

넣었습니다.

넣었습니다.

아래 칸에 맞춰 써 보세요.

주머니에 욱여넣다.

주머니에 욱여넣다.

이럴 때 이렇게!

- 삶은 계란을 입 안에 욱여넣은 뒤 서둘러 따라나섰습니다.
- 흩어진 짐을 대충 가방에 욱여넣었다.

76 으레(O) 으례(X)

'두말할 것 없이 당연히, 틀림없이 언제나'라는 뜻으로 '으레'라고 써요.
발음이 비슷한 '으례', '의레'는 모두 틀린 말이에요.

바르게 따라 써 보세요.

나	는		주	말	이	면		으	레	
나	는		주	말	이	면		으	레	
늦	잠	을		잔	다	.				
늦	잠	을		잔	다	.				

아래 칸에 맞춰 써 보세요.

나는 으레 늦잠을 잔다.

나는 으레 늦잠을 잔다.

이럴 때 이렇게!

- 처음이라면 으레 겪게 되는 시행착오입니다.
- 아침에 일어나면 으레 물 한 잔을 마신다.

77 으스대다(O) 으시대다(X)

'으스대다'는 어울리지 않게 우쭐거리며 뽐낸다는 뜻으로
'으스대어 / 으스대 / 으스대니'로 쓰여요.

주의 '으시대다 / 으시댄다'는 틀린 표현입니다.

바르게 따라 써 보세요.

반장이라고 친구들에게 ∨
으스대면 안 돼요.

아래 칸에 맞춰 써 보세요.

친구들에게 으스대면 안 된다.

이럴 때 이렇게!

- 어깨에 힘을 잔뜩 주고 으스대며 걷는다.
- 벌써부터 홈런왕이 되겠다고 으스댄다.

78 -히/-이

'-하다'로 끝나는 말에는 '-히'를 붙여서 '조용하다 / 조용히', '솔직하다 / 솔직히'가 돼요. 그리고 '-하다'로 끝나면서 앞말의 받침이 'ㅅ'이면 '-이'를 붙여서 '깨끗하다 / 깨끗이', '반듯하다 / 반듯이'가 되지요. 단, '곰곰이', '더욱이'는 예외랍니다.

바르게 따라 써 보세요.

수업 시간에는 조용히 ∨

수업 시간에는 조용히

해야 해요.

해야 해요.

아래 칸에 맞춰 써 보세요.

손발은 깨끗이 씻어야 해요.

손발은 깨끗이 씻어야 해요.

이럴 때 이렇게!

- 솔직히 나도 내 마음을 모르겠어.
- 회의 주제에 대해서 곰곰이 생각해 보았다.

79 -이었다(O) -이였다(X)

'-이다'의 과거형으로 '-이었다'라고 씁니다.
예를 들어 '학생이었다'는 맞고, '학생이였다'는 틀린 표현이에요.
'친구이었다'처럼 앞말에 받침이 없을 때는 '친구였다'로 줄여서 쓸 수 있어요.

바르게 따라 써 보세요.

그분은 3학년 때 담임 선생님이었다.

그분은 3학년 때 담임 선생님이었다.

아래 칸에 맞춰 써 보세요.

담임 선생님이었다.

담임 선생님이었다.

이럴 때 이렇게!

- 중학생인 줄 알았는데 알고 보니 초등학생이었다.
- 그루터기 옆에 피어난 것은 작은 민들레였다.

80 일절/일체

'일절'은 뒤에 행위를 금지하거나 부정적인 의미가 올 때 쓰고,
'일체'는 모든 것이라는 뜻으로 쓰여요.

주의 '일체'는 '전부 / 완전히'로 바꿔 쓸 수 있어요.

바르게 따라 써 보세요.

이곳은 출입을 일절

이곳은 출입을 일절

금합니다.

금합니다.

아래 칸에 맞춰 써 보세요.

교육 비용은 일체 무료입니다.

교육 비용은 일체 무료입니다.

이럴 때 이렇게!

- 서로의 일에는 일절 간섭하지 않는다.
- 과학실에는 실험 기구 일체를 갖추고 있습니다.

81 자그마치(O) 자그만치(X)

'예상보다 훨씬 많이, 또는 적지 않게'라는 뜻으로
'자그마치'로 써야 해요.

비슷한 표현 '저만치'는 '저만큼'이라는 뜻으로 '자그마치'와 구분해서 익히세요.

바르게 따라 써 보세요.

모	인		사	람	이		자	그	마	치 ∨
모	인		사	람	이		자	그	마	치
10	0	명	이		넘	었	다	.		
10	0	명	이		넘	었	다	.		

아래 칸에 맞춰 써 보세요.

자그마치 100명이 넘었다.

자그마치 100명이 넘었다.

이럴 때 이렇게!

- 자그마치 50만 원이나 손해를 보았다.
- 겨울방학 동안에 자그마치 스무 권의 책을 읽었습니다.

82 장맛비(O) 장마비(X)

'장맛비'는 장마 때에 오는 비를 말하며,
'장마'와 '비'가 합쳐져 만들어진 합성어로 '장맛비'로 적습니다.

비슷한 표현 '등교'와 '길'이 합쳐져 '등굣길'이라고 해요.

바르게 따라 써 보세요.

장	맛	비	로		밭	작	물	에		큰
장	맛	비	로		밭	작	물	에		큰
피	해	를		입	었	습	니	다	.	
피	해	를		입	었	습	니	다	.	

아래 칸에 맞춰 써 보세요.

장맛비로 피해를 입었다.

장맛비로 피해를 입었다.

이럴 때 이렇게!

- 온종일 내리는 장맛비는 마음을 더욱 울적하게 만들어요.
- 장맛비를 대비해 비닐하우스를 손보았습니다.

83 전통/정통

'전통'은 어떤 집단이나 공동체에서 전해 내려오는 사상, 관습, 행동 등을 말하며, '전통 놀이', '전통음악', '전통 혼례' 등으로 쓰여요.
'정통'은 바른 계통을 뜻하며, 표적이나 과녁의 한가운데를 일컫는 말이에요.

바르게 따라 써 보세요.

한복은 우리나라 전통 ∨
의상입니다.

한복은 우리나라 전통
의상입니다.

아래 칸에 맞춰 써 보세요.

인도식 정통 요리를 먹었습니다.

인도식 정통 요리를 먹었습니다.

이럴 때 이렇게!

- 우리나라 전통문화를 찾아 여행을 떠나자!
- 그가 쏜 화살은 표적을 정통으로 뚫고 지나갔다.

84 족집게(O) 쪽집게(X)

주로 잔털이나 가시 따위를 뽑는 데 쓰는 작은 기구를 '족집게'라고 하며, '족집게 과외'처럼 어떤 사실을 정확하게 잘 알아맞히는 능력을 가진 사람도 '족집게'라고 불러요.

주의 '족집개', '쪽집게' 등으로 쓰지 않도록 주의하세요.

바르게 따라 써 보세요.

엄	마	는		내		생	각	을		족
엄	마	는		내		생	각	을		족
집	게	처	럼		알	아	맞	혀	요	.
집	게	처	럼		알	아	맞	혀	요	.

아래 칸에 맞춰 써 보세요.

족집게처럼 알아맞힌다.

족집게처럼 알아맞힌다.

이럴 때 이렇게!

- 짧은 털은 족집게를 이용해 뽑습니다.
- 선생님은 스스로 '족집게 도사'라고 불렀습니다.

85 졸리다(O) 졸립다(X)

자고 싶은 느낌이 든다는 뜻으로 '졸리다'가 맞는 표현이에요.
'졸립다'는 잘못된 말이에요.

바르게 따라 써 보세요.

밤	을		새	웠	더	니		눈	꺼	풀
밤	을		새	웠	더	니		눈	꺼	풀
이		감	기	고		졸	린	다	.	
이		감	기	고		졸	린	다	.	

아래 칸에 맞춰 써 보세요.

밤을 새웠더니 졸린다.

밤을 새웠더니 졸린다.

이럴 때 이렇게!

- 아무리 잠을 자도 계속 졸리고 피곤하다.
- 밤에 잠을 설쳤더니 낮에도 계속 졸리다.

86 주최/주체

'주최'는 행사나 모임을 주장하고 기획하여 여는 것을 말하며,
'주체'는 어떤 단체나 물건의 주가 되는 부분을 말해요.

바르게 따라 써 보세요.

학교에서 합창 경연

학교에서 합창 경연

대회를 주최했다.

대회를 주최했다.

아래 칸에 맞춰 써 보세요.

학교의 주체는 학생입니다.

학교의 주체는 학생입니다.

이럴 때 이렇게!

- 어린이의 독서 운동을 위해 독후감 대회를 주최했습니다.
- 국가의 주체는 국민입니다.

87 짓궂다(O) 짖궂다(X)

장난스럽게 남을 괴롭히고 귀찮게 하여 달갑지 않다는 뜻으로 '짓궂다'라고 써야 해요. '짓궂어 / 짓궂은 / 짓궂으니'로 씁니다.

바르게 따라 써 보세요.

짓	궂	은		장	난	은		그	만	
짓	궂	은		장	난	은		그	만	
하	세	요	!							
하	세	요	!							

아래 칸에 맞춰 써 보세요.

짓궂은 장난

짓궂은 장난

이럴 때 이렇게!

- 동생한테 짓궂게 굴면 안 된다.
- 짓궂은 장난을 치고도 친구들에게 사과할 줄 몰라요.

88 쩨쩨하다(O) 째째하다(X)

'쩨쩨하다'는 너무 적거나 하찮아서 시시하고 신통치 않거나 인색하다는 뜻이에요.
'째째하다'로 쓰지 않도록 주의하세요.

바르게 따라 써 보세요.

쩨	쩨	하	게		굴	지		말	고	
쩨	쩨	하	게		굴	지		말	고	
베	풀	면	서		살	아	라	.		
베	풀	면	서		살	아	라	.		

아래 칸에 맞춰 써 보세요.

쩨쩨하게 굴지 마라.

쩨쩨하게 굴지 마라.

이럴 때 이렇게!

- 창민이는 치사하고 쩨쩨하기로 유명하다.
- 쩨쩨하게 꾀를 부리는 것을 보니 화가 났어요.

89 출연/출현

'출연'은 연기, 공연, 연설 등을 하기 위하여 무대에 나가는 것이고,
'출현'은 나타나거나 또는 나타나서 보인다는 뜻으로
'상어 출현', '멧돼지 출현' 등으로 쓰여요.

바르게 따라 써 보세요.

이 영화에 세계적인

이 영화에 세계적인

톱스타들이 출연했다.

톱스타들이 출연했다.

아래 칸에 맞춰 써 보세요.

UFO 출현 소식이 전해졌다.

UFO 출현 소식이 전해졌다.

이럴 때 이렇게!

- 연극에 출연한 배우들이 모두 무대로 나와 인사를 했다.
- 동해 바다에 해파리가 출현했어요.

90 치르다(O) 치루다(X)

'치르다'는 무슨 일을 겪어 내다라는 뜻으로
'치러 / 치르니 / 치렀다'로 씁니다.

주의 '치뤄 / 치루니 / 치뤘다'로 잘못 쓰지 않도록 주의하세요.

바르게 따라 써 보세요.

이	번		시	험	은		잘		치	렀
이	번		시	험	은		잘		치	렀
습	니	다	.							
습	니	다	.							

아래 칸에 맞춰 써 보세요.

시험을 잘 치렀다.

시험을 잘 치렀다.

이럴 때 이렇게!

- 꽃처럼 예쁜 우리 언니가 혼례를 치러요.
- 큰일을 줄줄이 치르고 나니 온몸에 힘이 쭉 빠졌다.

91 트림(O) 트름(X)

먹은 음식이 위에서 잘 소화되지 않아서 생긴 가스가 입으로 나오는 것을 '트림'이라고 해요. '트름'으로 잘못 쓰는 경우가 많아요.

바르게 따라 써 보세요.

밥을 너무 많이 먹었

밥을 너무 많이 먹었

는지 트림이 났다.

는지 트림이 났다.

아래 칸에 맞춰 써 보세요.

트림이 났다.

트림이 났다.

이럴 때 이렇게!

- 식사가 끝나면 꼭 트림을 했어요.
- 트림과 방귀는 왜 나오는 걸까요?

92 펴다/피다

'펴다'는 접힌 것을 젖혀 벌리거나, 구김이나 주름을 없애는 것을 말해요.
'피다'는 꽃 등이 스스로 벌어지거나, 형편이 나아지는 것을 뜻해요.

바르게 따라 써 보세요.

가슴을 펴고 하늘을 보자.

가슴을 펴고 하늘을 보자.

아래 칸에 맞춰 써 보세요.

봄이 되면 꽃이 핀다.

봄이 되면 꽃이 핀다.

이럴 때 이렇게!

- 할아버지는 그제야 잔뜩 찌푸렸던 미간을 폈습니다.
- 벚꽃이 활짝 핀 길은 정말 아름다웠습니다.

93 폭발(O) 폭팔(X)

'폭발'은 불이 일어나며 갑작스럽게 터지거나,
속에 쌓여 있던 감정 따위가 일시에 세찬 기세로 나오는 것을 말해요.
읽을 때는 [폭빨]로 발음해야 해요.

바르게 따라 써 보세요.

그	는		폭	발	적	인		인	기	를 ∨
그	는		폭	발	적	인		인	기	를
얻	었	습	니	다	.					
얻	었	습	니	다	.					

아래 칸에 맞춰 써 보세요.

폭발적인 인기

폭발적인 인기

이럴 때 이렇게!

- 큰 소리가 나면서 산 너머에 폭발이 일어났습니다.
- 지금까지 쌓여왔던 감정이 폭발했습니다.

94 하마터면(O) 하마트면(X)

'하마터면'은 조금만 잘못하였더라면 위험했을 상황에서 벗어났을 때 쓰는 말이에요.
'하마터면 –할 뻔하다'는 구성으로 쓰입니다.

바르게 따라 써 보세요.

하마터면 친구를 못

하마터면 친구를 못

만날 뻔했습니다.

만날 뻔했습니다.

아래 칸에 맞춰 써 보세요.

하마터면 못 만날 뻔했다.

하마터면 못 만날 뻔했다.

이럴 때 이렇게!

- 하마터면 돌부리에 걸려 넘어질 뻔했습니다.
- 하마터면 아무것도 모르고 넘어갈 뻔 했잖아!

95 한 움큼(O) 한 웅큼(X)

'움큼'은 손으로 한 줌 움켜쥘 만한 분량을 세는 단위예요.
'웅큼'은 틀린 말입니다.

비슷한 표현 손에 쥘 만한 분량을 세는 단위인 '줌'과 비슷한 말이에요.

바르게 따라 써 보세요.

머	리	카	락	이		한		움	큼	씩 ∨
머	리	카	락	이		한		움	큼	씩
빠	져		고	민	이	다	.			
빠	져		고	민	이	다	.			

아래 칸에 맞춰 써 보세요.

한 움큼씩 빠졌다.

한 움큼씩 빠졌다.

이럴 때 이렇게!

- 할머니께서 땅콩을 한 움큼 집어 주셨다.
- 콩나물을 한 움큼 뽑아 들었습니다.

96 한참/한창

'한참'은 시간이 상당히 지나는 동안이라는 뜻이고,
'한창'은 어떤 일이 가장 활기 있고 왕성하게 일어나는 때나 모양을 뜻해요.

바르게 따라 써 보세요.

친	구	는		한	참		동	안		기
친	구	는		한	참		동	안		기
다	려	도		오	지		않	았	다	.
다	려	도		오	지		않	았	다	.

아래 칸에 맞춰 써 보세요.

아파트 공사가 한창이다.

아파트 공사가 한창이다.

이럴 때 이렇게!

- 벽에 걸린 명화를 한참 바라보았습니다.
- 한창 자랄 때이니 많이 먹으렴.

97 할게(O) 할께(X)

흔히 '할께', '할껄' 등으로 쓰는데 틀린 표현이며,
'할게', '할걸'이라고 써야 해요.

비슷한 표현 '꺼야'도 틀린 표현이며, '거야'가 맞는 말이에요.

바르게 따라 써 보세요.

슈퍼마켓에 다녀오는

슈퍼마켓에 다녀오는

심부름은 내가 할게.

심부름은 내가 할게.

아래 칸에 맞춰 써 보세요.

심부름은 내가 할게.

심부름은 내가 할게.

이럴 때 이렇게!

- 내 방 청소는 내가 할게요.
- 우리가 여기 왔다는 것을 아무도 모를 거야.

98 해치다/헤치다

'해치다'는 어떤 상태에 손상을 입혀 망가지게 하거나, 사람의 마음이나 몸에 해를 입히는 거예요. '헤치다'는 속에 든 물건을 드러나게 하려고 젖히거나, 앞에 걸리는 것을 좌우로 물리치는 것을 말해요.

바르게 따라 써 보세요.

불량 식품은 어린이의 ∨

불량 식품은 어린이의

건강을 해칩니다.

건강을 해칩니다.

아래 칸에 맞춰 써 보세요.

배가 물살을 헤치고 나아갔다.

배가 물살을 헤치고 나아갔다.

이럴 때 이렇게!

- 나무를 마구 자르는 것은 숲을 해치는 일입니다.
- 상자 속을 마구 헤치며 잃어버린 장난감을 찾았어요.

99 헷갈리다(O) 헛갈리다(O)

'헷갈리다'와 '헛갈리다'는 정신이 혼란스럽게 되거나,
여러 가지가 뒤섞여 갈피를 잡지 못한다는 뜻으로 둘 다 표준어로 인정합니다.

바르게 따라 써 보세요.

어느 길로 가야 하는

어느 길로 가야 하는

지 헷갈려요.

지 헷갈려요.

아래 칸에 맞춰 써 보세요.

공연 순서가 자꾸 헛갈린다.

공연 순서가 자꾸 헛갈린다.

이럴 때 이렇게!

- 헷갈리는 수학 문제를 선생님에게 물어보았어요.
- 누가 먼저 도착했는지 순서가 헛갈렸습니다.

100 혼동/혼돈

'혼동'은 서로 뒤섞여 다른 점을 구별하지 못하는 것이고,
'혼돈'은 구별이 확실하지 않고 갈피를 잡을 수 없는 상태를 말해요.
뜻이 비슷하니 예문을 통해 차이를 익혀 보세요.

바르게 따라 써 보세요.

친 구 집 이 여 기 인 지

친 구 집 이 여 기 인 지

저 기 인 지 혼 동 되 었 다 .

저 기 인 지 혼 동 되 었 다 .

아래 칸에 맞춰 써 보세요.

시험에 떨어져 혼돈에 빠졌다.

시험에 떨어져 혼돈에 빠졌다.

이럴 때 이렇게!

- 빨간 버튼과 분홍 버튼을 혼동하지 마시오.
- 고장 난 신호등 앞에서 차들은 혼돈에 빠졌습니다.

재미있는 맞춤법 퀴즈

1 아래 글을 읽고, 알맞은 낱말에 ○표 하세요.

1) (아무튼 / 아뭏든) 시키는 일만 하면 잘될 거야.

2) 학예회 연극에서 줄리엣 (역할 / 역활)을 맡았다.

3) (요새/ 요세) 휴대전화는 정말 컴퓨터 같다니까!

4) 기말고사에서 만점을 맡은 유빈이는 (으스대며 / 으시대며) 말했다.

5) 선생님이 (족집게 / 쪽집게)처럼 중요한 문제를 뽑아 주셨어요.

6) (쩨쩨하게도 / 째째하게도) 돈 한 푼 내지 않았다.

7) 이번 일만 잘 (치르면 / 치루면) 더는 어려운 일이 없을 거야.

8) 뷔페에 가서 과식을 했더니 (트림 / 트름)이 나왔어요.

9) (하마터면 / 하마트면) 거짓말에 속을 뻔했어.

10) 도착할 시간이 (한참 / 한창) 지났는데도 아무런 소식이 없습니다.

정답

1. 1) 아무튼 2) 역할 3) 요새 4) 으스대며 5) 족집게 6) 쩨쩨하게도 7) 치르면 8) 트림 9) 하마터면 10) 한참

2 아래 낱말로 짧은 글짓기를 해 보세요.

1) 아지랑이 :

2) 일절 :

3) 장맛비 :

4) 주최 :

5) 폭발 :

3 다음 글에서 잘못 쓴 낱말을 찾아 고쳐 보세요.

엄마가 어제 본 시험에 대해 묻자 나는 안절부절했다. 점수가 엉망이기 때문이었다. 가방 안쪽에 우겨넣었던 시험지를 잘 피어서 엄마에게 드렸다. 엄마는 조금 실망하는 표정이셨지만, 다음에는 잘 보라고 하면서 으례 그랬던 것처럼 코코아를 만들어 주셨다.

정답

2. 1) 아지랑이가 피어오르는 너른 들판입니다. 아지랑이처럼 눈앞에 일렁이다 사라졌다. 등등
2) 학교 밖을 나가는 것은 일절 금지되었다. 불확실한 내용은 일절 말하지 않았다. 등등
3) 사흘째 장맛비가 내립니다. 내일부터 장맛비가 내린다고 합니다. 등등
4) 이번 축제는 학생회에서 주최한다. 구청에서 주최하는 바자회가 내일부터 열립니다. 등등
5) 폭발할 수 있으니 주의하시오. 화산이 폭발하기 시작하자 마을 주민들이 대피했다. 등등

3. 안절부절했다. → 안절부절못했다. / 우겨넣었던 → 욱여넣었던 / 피어서 → 펴서 / 으례 → 으레

지은이 **키즈키즈 교육연구소**

기획과 편집, 창작 활동을 전문으로 하는 유아동 교육연구소입니다.
어린이들이 건강한 생각을 키우고 올곧은 인성을 세우는 데 도움이 되는
교육 콘텐츠를 개발하고 있습니다. 즐기면서 배울 수 있는 프로그램 개발에도
힘쓰고 있으며, 단행본과 학습지 등 다양한 분야에서 활동하고 있습니다.

하루 10분 맞춤법 따라쓰기

2단계 우리말 달인 되기

중쇄 인쇄 | 2024년 2월 26일
중쇄 발행 | 2024년 2월 29일
지은이 | 키즈키즈 교육연구소
펴낸이 | 박수길
펴낸곳 | (주)도서출판 미래지식
기획 편집 | 이솔 · 김아름
디자인 | design Ko

주소 | 경기도 고양시 덕양구 통일로 140 삼송테크노밸리 A동 3층 333호
전화 | 02)389-0152
팩스 | 02)389-0156
홈페이지 | www.miraejisig.co.kr
이메일 | miraejisig@naver.com
등록번호 | 제 2018-000205호

*값은 표지 뒷면에 표기되어 있습니다.
*잘못된 책은 구입하신 서점에서 바꾸어 드립니다.

ISBN 979-11-90107-22-8 64700
ISBN 979-11-90107-20-4 (세트)

*미래주니어는 미래지식의 어린이책 브랜드입니다.